KB219448

모든 기도와 간구를 하되
항상 성령 안에서 기도하고
이를 위하여 깨어 구하기를 항상 힘쓰며
여러 성도를 위하여 구하라

엡 6:18

이름

작성한 날짜

.　　　.　　　~　　　.　　　.

# 오늘, 기도

엮은이 | 두란노 편집부
초판 발행 | 2021. 1. 20
등록번호 | 제1988-000080호
등록된 곳 | 서울특별시 용산구 서빙고로65길 38
발행처 | 사단법인 두란노서원
영업부 | 2078-3352    FAX | 080-749-3705
출판부 | 2078-3331

책값은 뒤표지에 있습니다.
ISBN 978-89-531-3944-2  03230

독자의 의견을 기다립니다.
tpress@duranno.com    www.duranno.com

두란노서원은 바울 사도가 3차 전도여행 때 에베소에서 성령 받은 제자들을 따로 세워 하나님의 말씀으로 양육
하던 장소입니다. 사도행전 19장 8~20절의 정신에 따라 첫째 목회자를 돕는 사역과 평신도를 훈련시키는 사역,
둘째 세계선교(TIM)와 문서선교 (단행본·잡지) 사역, 셋째 예수문화 및 경배와 찬양 사역, 그리고 가정·상담 사역 등을
감당하고 있습니다. 1980년 12월 22일에 창립된 두란노서원은 주님 오실 때까지 이 사역들을 계속할 것입니다.

하루 한 줄
응답받는
기도 노트
/ 5약속 /

❶ 입으로만 간구하지 말고 꼭 노트에 기록해 보세요.

❷ 포기하지 말고 꾸준히 기록해 보세요.

❸ 하루 한 줄이지만 얼마나 풍성한 응답이 이뤄지는지
경험해 보세요.

❹ 한 줄 기도를 통해 나의 기도가 어떻게 변하는지
확인해 보세요.

❺ 한 줄 기도를 통해 하나님 나라를 세워가는 것이
무엇인지 경험해 보세요.

《오늘, 기도》는
나를 비롯하여 세상을 바꾸는
위대한 시작이 될 것입니다.

이렇게
사용하세요

monthly.

| 주일 | 월 | 화 | 수 |
|---|---|---|---|
| ⬭ | ⬭ | ⬭ | ⬭ |
| 3 TODAY<br>리더 월례회<br>P.M. 7:00 ✓ | 4 ✓ | 5 ✓ | 6 |
| 10 | 11 *do it*<br>마감!!!! ✓ | 12 ✓ | 13<br>선교사님<br>집중 |
| 17<br>동생 면접을 위한<br>집중 기도 기간 〜!!! ✓ | 18 ✓ | 19 ★<br>동생 면접일 ✓ | 20 |
| 24 | 25 | 26 | 27 ★<br>기도모임 P.M. |

- 기도한 날짜에 체크해 보세요.
  언제 하나님과 대화를 나누었는지
  확인해 볼 수 있어요.

- 날짜를 기억해야 하는 중요한
  기도는 달력에도 체크해 놓으면
  좋아요.

• 노트를 사용할 달과 날짜를 적어
  주세요. 기도를 시작하는 달에 맞
  춰 자유롭게 작성할 수 있어요.

| 월

| 목 | 금 | 토 | memo |
|---|---|---|---|
| ♪♪♪ | ① | ② | • 매주 토요일 4시 |
| 경신예배 | | 축복이 (전사님 아기) | "새신자반" |
| opy New Year ~!! | ☐ | 탄생일♡ | 성경공부 → Zoom ✶ |
| | | ✓ | 기도로 준비하기 |
| | ⑧ | ⑨ | |
| 위한 집중 | 기도 기간 | | |
| | ✓ | ☐ | ✓ |
| | ⑮ | ⑯ | |
| 을 위한 | | 성경공부 인도일!! | |
| | ☐ | ✓ | ✓ |
| | ㉒ | ㉓ | |
| | ☐ | ☐ | DON'T |
| | | | - FORGET - |
| | ㉙ | ㉚ | |
| | ☐ | ☐ | |

• 메모를 활용하면 좀 더 자유롭게
  기록할 수 있어요.

이렇게
사용하세요

## One step enough.

• 응답받은 기도에는 하트를 색칠하거
날짜를 적어도 좋아요. 하나님이 하신
일들을 바라보며 감사해요.

• 해당 칸에 감사, 간구, 회개 등
기도 제목을 적어 보세요.

---

**나** — Thanks

새 마음을 잘 끝낼 수 있게 지혜를 주세요. ♡

친구 OO 를 마음으로 정죄한 것 회개합니다. ♡ (1/2)

---

**가족** — Thanks

취준생 동생이 면접을 잘 볼 수 있게 도와주세요. (1월 19일) ♡

♡

---

**이웃** — Thanks

우리 아파트 경비 아저씨가 올 겨울을 건강히 보내실 수 있게 지켜주세요. ♡

♡

---

**전도 대상자** — Thanks

이모부의 병이 회복되고 온 가정이 구원받게 도와주세요. ♡

♡

---

오늘의 말씀

오직 너희를 부르신 거룩한 이처럼
너희도 모든 행실에 거룩한 자가 되라 (벧전 1:15).
아멘!!

Date. 2021 / 1 / 2 /     일 월 화 수 목 금 ⓣ

• 기도 제목을 적은 날짜, 요일 등을 기록할 수 있어요.

교회                                    Thanks

리더십들이 올 한해 몸된 교회를 잘 섬길 수 있게 지혜를 더해주세요. ♡

오늘 있을 새신자반 성경공부가 은혜 가운데 잘 진행되도록 도와주세요. ♥

나라                                    Thanks

코로나가 속히 종식될 수 있게 도와주세요. ♡

오늘도 과생하시는 의료진들의 마음을 위로해 주세요. ♡

선교                                    Thanks

선교 후원하는 Y국의 선교사님과 가정이 올해도 건강하도록 보호해 주세요. ♡

♡

긴급 중보                                Thanks

청년부 목사님 사모님 출산, 사모님과 축복이가 모두 건강하도록 지켜주세요. ♥

♡

• 적은 기도 제목들을 선포하며 기도해요. 눈으로 읽고 입으로 시인하는 순간 보다 구체적이고 명확하게 기도할 수 있어요.

오늘의 감사

저의 교만함을 깨닫게 하시고
회개할 수 있는 마음을 주심에 감사합니다. ♡

• 오늘 붙들어야 할 말씀과 오늘 감사한 내용을 적으며 하루를 시작하고 정리하는 시간을 가져요.

# monthly.

| 주일 | 월 | 화 | 수 |
|------|-----|-----|-----|
| ◯ □ | ◯ □ | ◯ □ | ◯ |
| ◯ □ | ◯ □ | ◯ □ | ◯ |
| ◯ □ | ◯ □ | ◯ □ | ◯ |
| ◯ □ | ◯ □ | ◯ □ | ◯ |
| ◯ □ | ◯ □ | ◯ □ | ◯ |

월

| 목 | 금 | 토 | memo |
|---|---|---|---|
| ◯ | ◯ | ◯ | |
| | ☐ | ☐ | ☐ | |
| ◯ | ◯ | ◯ | |
| | ☐ | ☐ | ☐ | |
| ◯ | ◯ | ◯ | |
| | ☐ | ☐ | ☐ | |
| ◯ | ◯ | ◯ | |
| | ☐ | ☐ | ☐ | |
| ◯ | ◯ | ◯ | |
| | ☐ | ☐ | ☐ | |

# monthly.

| 주일 | 월 | 화 | 수 |
|---|---|---|---|
| ○ | ○ | ○ | ○ |
| ☐ | ☐ | ☐ | |
| ○ | ○ | ○ | ○ |
| ☐ | ☐ | ☐ | |
| ○ | ○ | ○ | ○ |
| ☐ | ☐ | ☐ | |
| ○ | ○ | ○ | ○ |
| ☐ | ☐ | ☐ | |
| ○ | ○ | ○ | ○ |
| ☐ | ☐ | ☐ | |

월

| 목 | 금 | 토 | memo |
|---|---|---|---|
| | | | |
| | | | |
| | | | |
| | | | |
| | | | |

# One step enough.

나                                                          Thanks

                                                            ♡

                                                            ♡

가족                                                        Thanks

                                                            ♡

                                                            ♡

이웃                                                        Thanks

                                                            ♡

                                                            ♡

전도 대상자                                                 Thanks

                                                            ♡

                                                            ♡

오늘의 말씀

Date.          /        /        /                              일 월 화 수 목 금 토

교회                                                          Thanks

                                                               ♡

                                                               ♡

나라                                                          Thanks

                                                               ♡

                                                               ♡

선교                                                          Thanks

                                                               ♡

                                                               ♡

긴급 중보                                                     Thanks

                                                               ♡

                                                               ♡

오늘의 감사

# One step enough.

20    0    0    0    0    0

| 나 | Thanks |
|---|---|
| | ♡ |
| | ♡ |

| 가족 | Thanks |
|---|---|
| | ♡ |
| | ♡ |

| 이웃 | Thanks |
|---|---|
| | ♡ |
| | ♡ |

| 전도 대상자 | Thanks |
|---|---|
| | ♡ |
| | ♡ |

오늘의 말씀

Date.　　　/　　/　　/ 　　　　　　　　일 월 화 수 목 금 토

교회 Thanks

♡

♡

나라 Thanks

♡

♡

선교 Thanks

♡

♡

긴급 중보 Thanks

♡

♡

오늘의 감사

# One step enough.

나                                          Thanks

♡

♡

가족                                       Thanks

♡

♡

이웃                                       Thanks

♡

♡

전도 대상자                                Thanks

♡

♡

오늘의 말씀

Date.         /       /       /                                      일 월 화 수 목 금 토

교회                                                                        Thanks

                                                                           ♡

                                                                           ♡

나라                                                                        Thanks

                                                                           ♡

                                                                           ♡

선교                                                                        Thanks

                                                                           ♡

                                                                           ♡

긴급 중보                                                                    Thanks

                                                                           ♡

                                                                           ♡

오늘의 감사

# One step enough.

나                                              Thanks

                                                ♡

                                                ♡

가족                                            Thanks

                                                ♡

                                                ♡

이웃                                            Thanks

                                                ♡

                                                ♡

전도 대상자                                     Thanks

                                                ♡

                                                ♡

오늘의 말씀

Date.        /      /      /                              일 월 화 수 목 금 토

교회                                                                    Thanks

                                                                        ♡

                                                                        ♡

나라                                                                    Thanks

                                                                        ♡

                                                                        ♡

선교                                                                    Thanks

                                                                        ♡

                                                                        ♡

긴급 중보                                                               Thanks

                                                                        ♡

                                                                        ♡

오늘의 감사

# One step enough.

나                                              Thanks

♡

♡

가족                                        Thanks

♡

♡

이웃                                        Thanks

♡

♡

전도 대상자                                 Thanks

♡

♡

오늘의 말씀

Date.      /      /      /                          일 월 화 수 목 금 토

---

교회                                              Thanks

............................................................    ♡

............................................................    ♡

나라                                              Thanks

............................................................    ♡

............................................................    ♡

선교                                              Thanks

............................................................    ♡

............................................................    ♡

긴급 중보                                         Thanks

............................................................    ♡

............................................................    ♡

---

오늘의 감사

# One step enough.

나      Thanks

♡

♡

가족      Thanks

♡

♡

이웃      Thanks

♡

♡

전도 대상자      Thanks

♡

♡

오늘의 말씀

Date.        /      /      /                              일 월 화 수 목 금 토

---

교회                                                    Thanks

........................................................
                                                          ♡
........................................................
                                                          ♡

---

나라                                                    Thanks

........................................................
                                                          ♡
........................................................
                                                          ♡

---

선교                                                    Thanks

........................................................
                                                          ♡
........................................................
                                                          ♡

---

긴급 중보                                                Thanks

........................................................
                                                          ♡
........................................................
                                                          ♡

---

오늘의 감사

---

# One step enough.

나                                             Thanks

♡

♡

가족                                          Thanks

♡

♡

이웃                                          Thanks

♡

♡

전도 대상자                                   Thanks

♡

♡

오늘의 말씀

Date.    /    /    /                          일 월 화 수 목 금 토

## 교회                                                      Thanks

                                                            ♡

                                                            ♡

## 나라                                                      Thanks

                                                            ♡

                                                            ♡

## 선교                                                      Thanks

                                                            ♡

                                                            ♡

## 긴급 중보                                                  Thanks

                                                            ♡

                                                            ♡

## 오늘의 감사

# One step enough.

| 나 | Thanks |
|---|---|
| | ♡ |
| | ♡ |

| 가족 | Thanks |
|---|---|
| | ♡ |
| | ♡ |

| 이웃 | Thanks |
|---|---|
| | ♡ |
| | ♡ |

| 전도 대상자 | Thanks |
|---|---|
| | ♡ |
| | ♡ |

오늘의 말씀

Date.          /       /       /                         일 월 화 수 목 금 토

교회                                                    Thanks

                                                         ♡

                                                         ♡

나라                                                    Thanks

                                                         ♡

                                                         ♡

선교                                                    Thanks

                                                         ♡

                                                         ♡

긴급 중보                                               Thanks

                                                         ♡

                                                         ♡

오늘의 감사

# One step enough.

나                                                Thanks

♡

♡

가족                                      Thanks

♡

♡

이웃                                      Thanks

♡

♡

전도 대상자                                Thanks

♡

♡

오늘의 말씀

Date.          /          /          /                                      일 월 화 수 목 금 토

교회                                                                              Thanks

                                                                                   ♡

                                                                                   ♡

나라                                                                              Thanks

                                                                                   ♡

                                                                                   ♡

선교                                                                              Thanks

                                                                                   ♡

                                                                                   ♡

긴급 중보                                                                         Thanks

                                                                                   ♡

                                                                                   ♡

오늘의 감사

# One step enough.

나                                                              Thanks

                                                                  ♡

                                                                  ♡

가족                                                             Thanks

                                                                  ♡

                                                                  ♡

이웃                                                             Thanks

                                                                  ♡

                                                                  ♡

전도 대상자                                                      Thanks

                                                                  ♡

                                                                  ♡

오늘의 말씀

Date.　　　　/　　　/　　　/　　　　　　　　　일 월 화 수 목 금 토

교회　　　　　　　　　　　　　　　　　　　　　　　Thanks

♡

♡

나라　　　　　　　　　　　　　　　　　　　　　　　Thanks

♡

♡

선교　　　　　　　　　　　　　　　　　　　　　　　Thanks

♡

♡

긴급 중보　　　　　　　　　　　　　　　　　　　　Thanks

♡

♡

오늘의 감사

# One step enough.

나        Thanks

가족        Thanks

이웃        Thanks

전도 대상자        Thanks

오늘의 말씀

Date.          /      /      /                                         일 월 화 수 목 금 토

교회                                                                              Thanks

                                                                                     ♡


                                                                                     ♡

나라                                                                              Thanks


                                                                                     ♡


                                                                                     ♡

선교                                                                              Thanks


                                                                                     ♡


                                                                                     ♡

긴급 중보                                                                        Thanks


                                                                                     ♡


                                                                                     ♡

오늘의 감사

# One step enough.

나                                                        Thanks

                                                            ♡

                                                            ♡

가족                                                      Thanks

                                                            ♡

                                                            ♡

이웃                                                      Thanks

                                                            ♡

                                                            ♡

전도 대상자                                               Thanks

                                                            ♡

                                                            ♡

오늘의 말씀

Date.        /      /      /                    일 월 화 수 목 금 토

교회                                                    Thanks

                                                        ♡

                                                        ♡

나라                                                    Thanks

                                                        ♡

                                                        ♡

선교                                                    Thanks

                                                        ♡

                                                        ♡

긴급 중보                                               Thanks

                                                        ♡

                                                        ♡

오늘의 감사

# One step enough.

○ ○ ○ ○ ○ ○

| 나 | Thanks |
|---|---|
| | ♡ |
| | ♡ |

| 가족 | Thanks |
|---|---|
| | ♡ |
| | ♡ |

| 이웃 | Thanks |
|---|---|
| | ♡ |
| | ♡ |

| 전도 대상자 | Thanks |
|---|---|
| | ♡ |
| | ♡ |

오늘의 말씀

Date.        /      /      /                                    일 월 화 수 목 금 토

교회                                                          Thanks

                                                              ♡

                                                              ♡

나라                                                          Thanks

                                                              ♡

                                                              ♡

선교                                                          Thanks

                                                              ♡

                                                              ♡

긴급 중보                                                     Thanks

                                                              ♡

                                                              ♡

오늘의 감사

# One step enough.

나             Thanks

♡

♡

가족             Thanks

♡

♡

이웃             Thanks

♡

♡

전도 대상자             Thanks

♡

♡

오늘의 말씀

Date.        /      /      /                          일 월 화 수 목 금 토

교회                                                    Thanks

                                                          ♡

                                                          ♡

나라                                                    Thanks

                                                          ♡

                                                          ♡

선교                                                    Thanks

                                                          ♡

                                                          ♡

긴급 중보                                              Thanks

                                                          ♡

                                                          ♡

오늘의 감사

# One step enough.

⌒ ○ ○ ○ ⌒ ☾

나                                                                      Thanks

♡

♡

가족                                                                    Thanks

♡

♡

이웃                                                                    Thanks

♡

♡

전도 대상자                                                            Thanks

♡

♡

오늘의 말씀

Date.        /       /       /                                              일 월 화 수 목 금 토

교회                                                                                    Thanks

                                                                                          ♡

                                                                                          ♡

나라                                                                                    Thanks

                                                                                          ♡

                                                                                          ♡

선교                                                                                    Thanks

                                                                                          ♡

                                                                                          ♡

긴급 중보                                                                              Thanks

                                                                                          ♡

                                                                                          ♡

오늘의 감사

# One step enough.

나                                                    Thanks

                                                        ♡

                                                        ♡

가족                                                   Thanks

                                                        ♡

                                                        ♡

이웃                                                   Thanks

                                                        ♡

                                                        ♡

전도 대상자                                             Thanks

                                                        ♡

                                                        ♡

오늘의 말씀

Date.　　　/　　/　　/　　　　　　일 월 화 수 목 금 토

교회　　　　　　　　　　　　　　　　　　　　Thanks

♡

♡

나라　　　　　　　　　　　　　　　　　　　　Thanks

♡

♡

선교　　　　　　　　　　　　　　　　　　　　Thanks

♡

♡

긴급 중보　　　　　　　　　　　　　　　　　　Thanks

♡

♡

오늘의 감사

# One step enough.

나      Thanks

♡

♡

가족      Thanks

♡

♡

이웃      Thanks

♡

♡

전도 대상자      Thanks

♡

♡

오늘의 말씀

Date.　　　　／　　　／　　　／　　　　　　　일 월 화 수 목 금 토

교회　　　　　　　　　　　　　　　　　　　　　　Thanks

♡

♡

나라　　　　　　　　　　　　　　　　　　　　　　Thanks

♡

♡

선교　　　　　　　　　　　　　　　　　　　　　　Thanks

♡

♡

긴급 중보　　　　　　　　　　　　　　　　　　　　Thanks

♡

♡

오늘의 감사

# One step enough.

나      *Thanks*

♡

♡

가족      *Thanks*

♡

♡

이웃      *Thanks*

♡

♡

전도 대상자      *Thanks*

♡

♡

오늘의 말씀

Date.          /        /        /                            일 월 화 수 목 금 토

교회                                                          Thanks

                                                              ♡

                                                              ♡

나라                                                          Thanks

                                                              ♡

                                                              ♡

선교                                                          Thanks

                                                              ♡

                                                              ♡

긴급 중보                                                     Thanks

                                                              ♡

                                                              ♡

오늘의 감사

# One step enough.

나                                                        Thanks

                                                           ♡

                                                           ♡

가족                                                      Thanks

                                                           ♡

                                                           ♡

이웃                                                      Thanks

                                                           ♡

                                                           ♡

전도 대상자                                               Thanks

                                                           ♡

                                                           ♡

오늘의 말씀

Date.     /     /     /                일 월 화 수 목 금 토

교회                                      Thanks

♡

♡

나라                                      Thanks

♡

♡

선교                                      Thanks

♡

♡

긴급 중보                                Thanks

♡

♡

오늘의 감사

# One step enough.

나                                                                    Thanks

                                                                       ♡

                                                                       ♡

가족                                                                   Thanks

                                                                       ♡

                                                                       ♡

이웃                                                                   Thanks

                                                                       ♡

                                                                       ♡

전도 대상자                                                           Thanks

                                                                       ♡

                                                                       ♡

오늘의 말씀

Date.        /      /      /                                    일 월 화 수 목 금 토

교회                                                                      Thanks

                                                                          ♡

                                                                          ♡

나라                                                                      Thanks

                                                                          ♡

                                                                          ♡

선교                                                                      Thanks

                                                                          ♡

                                                                          ♡

긴급 중보                                                                 Thanks

                                                                          ♡

                                                                          ♡

오늘의 감사

# One step enough.

나 Thanks
♡
♡

가족 Thanks
♡
♡

이웃 Thanks
♡
♡

전도 대상자 Thanks
♡
♡

오늘의 말씀

Date.        /      /      /                          일 월 화 수 목 금 토

교회                                                           Thanks

                                                                ♡

                                                                ♡

나라                                                           Thanks

                                                                ♡

                                                                ♡

선교                                                           Thanks

                                                                ♡

                                                                ♡

긴급 중보                                                      Thanks

                                                                ♡

                                                                ♡

오늘의 감사

# One step enough.

⌒ ○ ○ ○ ⌒ ☾

나                                          ,                                    Thanks

♡

♡

가족                                                                              Thanks

♡

♡

이웃                                                                              Thanks

♡

♡

전도 대상자                                                                       Thanks

♡

♡

오늘의 말씀

Date.        /      /      /                              일 월 화 수 목 금 토

교회                                              Thanks

                                                 ♡

                                                 ♡

나라                                              Thanks

                                                 ♡

                                                 ♡

선교                                              Thanks

                                                 ♡

                                                 ♡

긴급 중보                                          Thanks

                                                 ♡

                                                 ♡

오늘의 감사

# One step enough.

나                                                    Thanks

                                                        ♡

                                                        ♡

가족                                                  Thanks

                                                        ♡

                                                        ♡

이웃                                                  Thanks

                                                        ♡

                                                        ♡

전도 대상자                                          Thanks

                                                        ♡

                                                        ♡

오늘의 말씀

Date.          /        /        /                                일 월 화 수 목 금 토

교회                                                                      Thanks

                                                                          ♡

                                                                          ♡

나라                                                                      Thanks

                                                                          ♡

                                                                          ♡

선교                                                                      Thanks

                                                                          ♡

                                                                          ♡

긴급 중보                                                                  Thanks

                                                                          ♡

                                                                          ♡

오늘의 감사

# One step enough.

나                                                    Thanks

                                                        ♡

                                                        ♡

가족                                                  Thanks

                                                        ♡

                                                        ♡

이웃                                                  Thanks

                                                        ♡

                                                        ♡

전도 대상자                                          Thanks

                                                        ♡

                                                        ♡

오늘의 말씀

Date.    /    /    /                          일 월 화 수 목 금 토

교회                                                  Thanks

                                                     ♡

                                                     ♡

나라                                                  Thanks

                                                     ♡

                                                     ♡

선교                                                  Thanks

                                                     ♡

                                                     ♡

긴급 중보                                             Thanks

                                                     ♡

                                                     ♡

오늘의 감사

# One step enough.

나                                                      Thanks

♡

♡

가족                                                    Thanks

♡

♡

이웃                                                    Thanks

♡

♡

전도 대상자                                              Thanks

♡

♡

오늘의 말씀

Date.　　　/　　/　　/　　　　　　　　　일 월 화 수 목 금 토

---

교회　　　　　　　　　　　　　　　　　　　　　　　Thanks

♡

♡

나라　　　　　　　　　　　　　　　　　　　　　　　Thanks

♡

♡

선교　　　　　　　　　　　　　　　　　　　　　　　Thanks

♡

♡

긴급 중보　　　　　　　　　　　　　　　　　　　　　Thanks

♡

♡

---

오늘의 감사

# One step enough.

나                                                                Thanks

                                                                  ♡

                                                                  ♡

가족                                                              Thanks

                                                                  ♡

                                                                  ♡

이웃                                                              Thanks

                                                                  ♡

                                                                  ♡

전도 대상자                                                        Thanks

                                                                  ♡

                                                                  ♡

오늘의 말씀

Date.      /      /      /                             일 월 화 수 목 금 토

교회                                                        Thanks

                                                              ♡


                                                              ♡

나라                                                        Thanks

                                                              ♡


                                                              ♡

선교                                                        Thanks

                                                              ♡


                                                              ♡

긴급 중보                                                   Thanks

                                                              ♡


                                                              ♡

오늘의 감사

# One step enough.

나                                                                    Thanks

♡

♡

가족                                                                   Thanks

♡

♡

이웃                                                                   Thanks

♡

♡

전도 대상자                                                            Thanks

♡

♡

오늘의 말씀

Date.        /        /        /                           일 월 화 수 목 금 토

교회                                                            Thanks

                                                                ♡

                                                                ♡

나라                                                            Thanks

                                                                ♡

                                                                ♡

선교                                                            Thanks

                                                                ♡

                                                                ♡

긴급 중보                                                       Thanks

                                                                ♡

                                                                ♡

오늘의 감사

# One step enough.

나                                                    Thanks

                                                        ♡

                                                        ♡

가족                                                   Thanks

                                                        ♡

                                                        ♡

이웃                                                   Thanks

                                                        ♡

                                                        ♡

전도 대상자                                            Thanks

                                                        ♡

                                                        ♡

오늘의 말씀

Date.          /        /        /                              일 월 화 수 목 금 토

교회                                                          Thanks

                                                                ♡

                                                                ♡

나라                                                          Thanks

                                                                ♡

                                                                ♡

선교                                                          Thanks

                                                                ♡

                                                                ♡

긴급 중보                                                     Thanks

                                                                ♡

                                                                ♡

오늘의 감사

# One step enough.

나                                      Thanks

♡

♡

가족                                 Thanks

♡

♡

이웃                                 Thanks

♡

♡

전도 대상자                            Thanks

♡

♡

오늘의 말씀

Date.        /      /      /                          일 월 화 수 목 금 토

교회                                                    Thanks

                                                          ♡

                                                          ♡

나라                                                    Thanks

                                                          ♡

                                                          ♡

선교                                                    Thanks

                                                          ♡

                                                          ♡

긴급 중보                                                Thanks

                                                          ♡

                                                          ♡

오늘의 감사

# One step enough.

나          Thanks

♡

♡

가족          Thanks

♡

♡

이웃          Thanks

♡

♡

전도 대상자          Thanks

♡

♡

오늘의 말씀

Date.        /      /      /                          일 월 화 수 목 금 토

교회                                                    Thanks

                                                         ♡

                                                         ♡

나라                                                    Thanks

                                                         ♡

                                                         ♡

선교                                                    Thanks

                                                         ♡

                                                         ♡

긴급 중보                                               Thanks

                                                         ♡

                                                         ♡

오늘의 감사

# One step enough.

△ ○ ○ ○ ◌ ☾

| 나 | Thanks |
|---|---|
| | ♡ |
| | ♡ |

| 가족 | Thanks |
|---|---|
| | ♡ |
| | ♡ |

| 이웃 | Thanks |
|---|---|
| | ♡ |
| | ♡ |

| 전도 대상자 | Thanks |
|---|---|
| | ♡ |
| | ♡ |

오늘의 말씀

Date.      /      /      /                                일 월 화 수 목 금 토

## 교회                                                    Thanks

♡

♡

## 나라                                                     Thanks

♡

♡

## 선교                                                     Thanks

♡

♡

## 긴급 중보                                                 Thanks

♡

♡

## 오늘의 감사

# One step enough.

나        Thanks

♡

♡

가족        Thanks

♡

♡

이웃        Thanks

♡

♡

전도 대상자        Thanks

♡

♡

오늘의 말씀

Date.        /      /      /                                     일 월 화 수 목 금 토

교회                                                              Thanks

                                                                ♡

                                                                ♡

나라                                                              Thanks

                                                                ♡

                                                                ♡

선교                                                              Thanks

                                                                ♡

                                                                ♡

긴급 중보                                                          Thanks

                                                                ♡

                                                                ♡

오늘의 감사

# One step enough.

나     Thanks

♡

♡

가족     Thanks

♡

♡

이웃     Thanks

♡

♡

전도 대상자     Thanks

♡

♡

오늘의 말씀

Date.     /     /     /                                    일 월 화 수 목 금 토

교회                                                        Thanks

                                                              ♡

                                                              ♡

나라                                                        Thanks

                                                              ♡

                                                              ♡

선교                                                        Thanks

                                                              ♡

                                                              ♡

긴급 중보                                                   Thanks

                                                              ♡

                                                              ♡

오늘의 감사

# One step enough.

나                                                    Thanks

                                                        ♡

                                                        ♡

가족                                                   Thanks

                                                        ♡

                                                        ♡

이웃                                                   Thanks

                                                        ♡

                                                        ♡

전도 대상자                                            Thanks

                                                        ♡

                                                        ♡

오늘의 말씀

Date.        /      /      /                                    일 월 화 수 목 금 토

교회                                                              Thanks

                                                                  ♡

                                                                  ♡

나라                                                              Thanks

                                                                  ♡

                                                                  ♡

선교                                                              Thanks

                                                                  ♡

                                                                  ♡

긴급 중보                                                          Thanks

                                                                  ♡

                                                                  ♡

오늘의 감사

# One step enough.

나                                                       Thanks

♡

♡

가족                                                 Thanks

♡

♡

이웃                                                 Thanks

♡

♡

전도 대상자                                         Thanks

♡

♡

오늘의 말씀

Date.        /      /      /                          일 월 화 수 목 금 토

교회                                                        Thanks

................................................................        ♡

                                                            ♡

나라                                                        Thanks

................................................................        ♡

                                                            ♡

선교                                                        Thanks

                                                            ♡

                                                            ♡

긴급 중보                                                    Thanks

................................................................        ♡

                                                            ♡

오늘의 감사

# One step enough.

○ ○ ○ ○ ○ ☾

나                                                    Thanks

                                                      ♡

                                                      ♡

가족                                                   Thanks

                                                      ♡

                                                      ♡

이웃                                                   Thanks

                                                      ♡

                                                      ♡

전도 대상자                                             Thanks

                                                      ♡

                                                      ♡

오늘의 말씀

Date.　　　 /　　 /　　 /　　　　　　　　　　일 월 화 수 목 금 토

## 교회　　　　　　　　　　　　　　　　　　　　　　　Thanks

♡

♡

## 나라　　　　　　　　　　　　　　　　　　　　　　　Thanks

♡

♡

## 선교　　　　　　　　　　　　　　　　　　　　　　　Thanks

♡

♡

## 긴급 중보　　　　　　　　　　　　　　　　　　　　Thanks

♡

♡

## 오늘의 감사

# One step enough.

| 나 | Thanks |
|---|---|
| | ♡ |
| | ♡ |

| 가족 | Thanks |
|---|---|
| | ♡ |
| | ♡ |

| 이웃 | Thanks |
|---|---|
| | ♡ |
| | ♡ |

| 전도 대상자 | Thanks |
|---|---|
| | ♡ |
| | ♡ |

## 오늘의 말씀

Date.          /      /      /                    일 월 화 수 목 금 토

교회                                                    Thanks

♡

♡

나라                                                    Thanks

♡

♡

선교                                                    Thanks

♡

♡

긴급 중보                                                Thanks

♡

♡

오늘의 감사

# One step enough.

나                                                          Thanks

                                                            ♡

                                                            ♡

가족                                                        Thanks

                                                            ♡

                                                            ♡

이웃                                                        Thanks

                                                            ♡

                                                            ♡

전도 대상자                                                  Thanks

                                                            ♡

                                                            ♡

오늘의 말씀

Date.        /      /      /                          일 월 화 수 목 금 토


교회                                                      Thanks

                                                          ♡

                                                          ♡

나라                                                      Thanks

                                                          ♡

                                                          ♡

선교                                                      Thanks

                                                          ♡

                                                          ♡

긴급 중보                                                  Thanks

                                                          ♡

                                                          ♡

오늘의 감사

# One step enough.

나                                                      Thanks

                                                          ♡

                                                          ♡

가족                                                    Thanks

                                                          ♡

                                                          ♡

이웃                                                    Thanks

                                                          ♡

                                                          ♡

전도 대상자                                            Thanks

                                                          ♡

                                                          ♡

오늘의 말씀

Date.     /     /     /             일 월 화 수 목 금 토

## 교회
Thanks

♡

♡

## 나라
Thanks

♡

♡

## 선교
Thanks

♡

♡

## 긴급 중보
Thanks

♡

♡

## 오늘의 감사

# One step enough.

나                                                          Thanks

                                                         ♡

                                                         ♡

가족                                                         Thanks

                                                         ♡

                                                         ♡

이웃                                                         Thanks

                                                         ♡

                                                         ♡

전도 대상자                                                   Thanks

                                                         ♡

                                                         ♡

오늘의 말씀

Date.          /      /      /                                                     일 월 화 수 목 금 토

---

교회                                                                              Thanks

.................................................................................................

                                                                                   ♡

.................................................................................................

                                                                                   ♡

---

나라                                                                              Thanks

.................................................................................................

                                                                                   ♡

.................................................................................................

                                                                                   ♡

---

선교                                                                              Thanks

.................................................................................................

                                                                                   ♡

.................................................................................................

                                                                                   ♡

---

긴급 중보                                                                         Thanks

.................................................................................................

                                                                                   ♡

.................................................................................................

                                                                                   ♡

---

오늘의 감사

---

# One step enough.

○ ○ ○ ○ ○ ☾

| 나 | Thanks |
|---|---|
| | ♡ |
| | ♡ |

| 가족 | Thanks |
|---|---|
| | ♡ |
| | ♡ |

| 이웃 | Thanks |
|---|---|
| | ♡ |
| | ♡ |

| 전도 대상자 | Thanks |
|---|---|
| | ♡ |
| | ♡ |

## 오늘의 말씀

Date.        /        /        /                        일 월 화 수 목 금 토

교회                                                              Thanks

                                                                  ♡

                                                                  ♡

나라                                                              Thanks

                                                                  ♡

                                                                  ♡

선교                                                              Thanks

                                                                  ♡

                                                                  ♡

긴급 중보                                                         Thanks

                                                                  ♡

                                                                  ♡

오늘의 감사

# One step enough.

나                                                                  Thanks

                                                                    ♡

                                                                    ♡

가족                                                                 Thanks

                                                                    ♡

                                                                    ♡

이웃                                                                 Thanks

                                                                    ♡

                                                                    ♡

전도 대상자                                                           Thanks

                                                                    ♡

                                                                    ♡

오늘의 말씀

Date.          /     /     /                    일 월 화 수 목 금 토

교회                                             Thanks

                                                ♡

                                                ♡

나라                                             Thanks

                                                ♡

                                                ♡

선교                                             Thanks

                                                ♡

                                                ♡

긴급 중보                                         Thanks

                                                ♡

                                                ♡

오늘의 감사

# One step enough.

나       Thanks

♡

♡

가족       Thanks

♡

♡

이웃       Thanks

♡

♡

전도 대상자       Thanks

♡

♡

오늘의 말씀

Date.　　　　/　　　/　　　/　　　　　　　　　일 월 화 수 목 금 토

## 교회                                                    Thanks

♡

♡

## 나라                                                    Thanks

♡

♡

## 선교                                                    Thanks

♡

♡

## 긴급 중보                                                Thanks

♡

♡

## 오늘의 감사

# One step enough.

<br>

나                                                                Thanks

♡

♡

가족                                                              Thanks

♡

♡

이웃                                                              Thanks

♡

♡

전도 대상자                                                      Thanks

♡

♡

오늘의 말씀

Date.        /      /      /                              일 월 화 수 목 금 토

교회                                                        Thanks

                                                            ♡

                                                            ♡

나라                                                        Thanks

                                                            ♡

                                                            ♡

선교                                                        Thanks

                                                            ♡

                                                            ♡

긴급 중보                                                    Thanks

                                                            ♡

                                                            ♡

오늘의 감사

# One step enough.

나                             Thanks

♡

♡

가족                         Thanks

♡

♡

이웃                         Thanks

♡

♡

전도 대상자                   Thanks

♡

♡

오늘의 말씀

Date.          /       /       /                          일 월 화 수 목 금 토

교회                                                                    Thanks

                                                                        ♡

                                                                        ♡

나라                                                                    Thanks

                                                                        ♡

                                                                        ♡

선교                                                                    Thanks

                                                                        ♡

                                                                        ♡

긴급 중보                                                              Thanks

                                                                        ♡

                                                                        ♡

오늘의 감사

# One step enough.

나                                                    Thanks

♡

♡

가족                                                  Thanks

♡

♡

이웃                                                  Thanks

♡

♡

전도 대상자                                            Thanks

♡

♡

오늘의 말씀

Date.        /       /       /                          일 월 화 수 목 금 토

교회                                                    Thanks

                                                        ♡

                                                        ♡

나라                                                    Thanks

                                                        ♡

                                                        ♡

선교                                                    Thanks

                                                        ♡

                                                        ♡

긴급 중보                                               Thanks

                                                        ♡

                                                        ♡

오늘의 감사

# One step enough.

나                      Thanks

♡

♡

가족                    Thanks

♡

♡

이웃                    Thanks

♡

♡

전도 대상자             Thanks

♡

♡

오늘의 말씀

Date.            /      /      /                            일 월 화 수 목 금 토

교회                                                          Thanks

                                                              ♡

                                                              ♡

나라                                                          Thanks

                                                              ♡

                                                              ♡

선교                                                          Thanks

                                                              ♡

                                                              ♡

긴급 중보                                                      Thanks

                                                              ♡

                                                              ♡

오늘의 감사

# One step enough.

나                                                                    Thanks

♡

♡

가족                                                                  Thanks

♡

♡

이웃                                                                  Thanks

♡

♡

전도 대상자                                                          Thanks

♡

♡

오늘의 말씀

Date.        /       /       /                          일 월 화 수 목 금 토

교회                                                        Thanks

                                                           ♡

                                                           ♡

나라                                                        Thanks

                                                           ♡

                                                           ♡

선교                                                        Thanks

                                                           ♡

                                                           ♡

긴급 중보                                                    Thanks

                                                           ♡

                                                           ♡

오늘의 감사

# One step enough.

○ ○ ○ ○ ○ ☾

나                                                    Thanks

                                                       ♡

                                                       ♡

가족                                                   Thanks

                                                       ♡

                                                       ♡

이웃                                                   Thanks

                                                       ♡

                                                       ♡

전도 대상자                                           Thanks

                                                       ♡

                                                       ♡

오늘의 말씀

Date.        /      /      /                          일 월 화 수 목 금 토

교회                                                              Thanks

                                                                   ♡

                                                                   ♡

나라                                                              Thanks

                                                                   ♡

                                                                   ♡

선교                                                              Thanks

                                                                   ♡

                                                                   ♡

긴급 중보                                                         Thanks

                                                                   ♡

                                                                   ♡

오늘의 감사

# One step enough.

나                                                          Thanks

                                                            ♡

                                                            ♡

가족                                                        Thanks

                                                            ♡

                                                            ♡

이웃                                                        Thanks

                                                            ♡

                                                            ♡

전도 대상자                                                 Thanks

                                                            ♡

                                                            ♡

오늘의 말씀

Date.        /      /      /                                          일 월 화 수 목 금 토

교회                                                                                    Thanks

                                                                                        ♡

                                                                                        ♡

나라                                                                                    Thanks

                                                                                        ♡

                                                                                        ♡

선교                                                                                    Thanks

                                                                                        ♡

                                                                                        ♡

긴급 중보                                                                                Thanks

                                                                                        ♡

                                                                                        ♡

오늘의 감사

# One step enough.

나                                                    Thanks

♡

♡

가족                                                   Thanks

♡

♡

이웃                                                   Thanks

♡

♡

전도 대상자                                             Thanks

♡

♡

오늘의 말씀

Date.        /      /      /                          일 월 화 수 목 금 토

교회                                                   Thanks

                                                        ♡

                                                        ♡

나라                                                   Thanks

                                                        ♡

                                                        ♡

선교                                                   Thanks

                                                        ♡

                                                        ♡

긴급 중보                                              Thanks

                                                        ♡

                                                        ♡

오늘의 감사

# One step enough.

나                                                        Thanks

                                                            ♡

                                                            ♡

가족                                                      Thanks

                                                            ♡

                                                            ♡

이웃                                                      Thanks

                                                            ♡

                                                            ♡

전도 대상자                                               Thanks

                                                            ♡

                                                            ♡

오늘의 말씀

Date.        /      /      /                               일 월 화 수 목 금 토

교회                                                              Thanks

                                                                  ♡

                                                                  ♡

나라                                                              Thanks

                                                                  ♡

                                                                  ♡

선교                                                              Thanks

                                                                  ♡

                                                                  ♡

긴급 중보                                                         Thanks

                                                                  ♡

                                                                  ♡

오늘의 감사

# One step enough.

나     Thanks

♡

♡

가족     Thanks

♡

♡

이웃     Thanks

♡

♡

전도 대상자     Thanks

♡

♡

오늘의 말씀

Date.      /      /      /                               일 월 화 수 목 금 토

교회                                                          Thanks

♡

♡

나라                                                          Thanks

♡

♡

선교                                                          Thanks

♡

♡

긴급 중보                                                      Thanks

♡

♡

오늘의 감사

# One step enough.

나             Thanks

♡

♡

가족          Thanks

♡

♡

이웃          Thanks

♡

♡

전도 대상자       Thanks

♡

♡

오늘의 말씀

Date.        /      /      /                                    일 월 화 수 목 금 토


교회                                                            Thanks

                                                                ♡

                                                                ♡

나라                                                            Thanks

                                                                ♡

                                                                ♡

선교                                                            Thanks

                                                                ♡

                                                                ♡

긴급 중보                                                       Thanks

                                                                ♡

                                                                ♡


오늘의 감사

# One step enough.

| 나 | Thanks |
|---|---|
| | ♡ |
| | ♡ |

| 가족 | Thanks |
|---|---|
| | ♡ |
| | ♡ |

| 이웃 | Thanks |
|---|---|
| | ♡ |
| | ♡ |

| 전도 대상자 | Thanks |
|---|---|
| | ♡ |
| | ♡ |

오늘의 말씀

Date.        /      /      /                              일 월 화 수 목 금 토

교회                                                              Thanks

                                                                   ♡

                                                                   ♡

나라                                                              Thanks

                                                                   ♡

                                                                   ♡

선교                                                              Thanks

                                                                   ♡

                                                                   ♡

긴급 중보                                                         Thanks

                                                                   ♡

                                                                   ♡

오늘의 감사

# One step enough.

나                                                                              Thanks

♡

♡

가족                                                                             Thanks

♡

♡

이웃                                                                             Thanks

♡

♡

전도 대상자                                                                       Thanks

♡

♡

오늘의 말씀

Date.        /        /        /                              일 월 화 수 목 금 토

교회                                                  Thanks

                                                        ♡

                                                        ♡

나라                                                  Thanks

                                                        ♡

                                                        ♡

선교                                                  Thanks

                                                        ♡

                                                        ♡

긴급 중보                                              Thanks

                                                        ♡

                                                        ♡

오늘의 감사

# One step enough.

⌒ ○ ○ ◐ ◓ ☾

나                                                      Thanks

                                                        ♡

                                                        ♡

가족                                                    Thanks

                                                        ♡

                                                        ♡

이웃                                                    Thanks

                                                        ♡

                                                        ♡

전도 대상자                                             Thanks

                                                        ♡

                                                        ♡

오늘의 말씀

Date.        /      /      /                                        일 월 화 수 목 금 토

교회                                                              Thanks

                                                                   ♡

                                                                   ♡

나라                                                              Thanks

                                                                   ♡

                                                                   ♡

선교                                                              Thanks

                                                                   ♡

                                                                   ♡

긴급 중보                                                         Thanks

                                                                   ♡

                                                                   ♡

오늘의 감사

# One step enough.

△ ○ ○ ○ △ ☾

| 나 | Thanks |
|---|---|
| | ♡ |
| | ♡ |

| 가족 | Thanks |
|---|---|
| | ♡ |
| | ♡ |

| 이웃 | Thanks |
|---|---|
| | ♡ |
| | ♡ |

| 전도 대상자 | Thanks |
|---|---|
| | ♡ |
| | ♡ |

오늘의 말씀

Date.        /      /      /                                        일 월 화 수 목 금 토


교회                                                                Thanks

                                                                    ♡


                                                                    ♡

나라                                                                Thanks

                                                                    ♡


                                                                    ♡

선교                                                                Thanks

                                                                    ♡


                                                                    ♡

긴급 중보                                                            Thanks

                                                                    ♡


                                                                    ♡

오늘의 감사

# One step enough.

20   0   0   0   0   ☾

| 나 | Thanks |
|---|---|
| | ♡ |
| | ♡ |

| 가족 | Thanks |
|---|---|
| | ♡ |
| | ♡ |

| 이웃 | Thanks |
|---|---|
| | ♡ |
| | ♡ |

| 전도 대상자 | Thanks |
|---|---|
| | ♡ |
| | ♡ |

오늘의 말씀

Date.     /    /    /                          일 월 화 수 목 금 토

교회                                          Thanks

♡

♡

나라                                          Thanks

♡

♡

선교                                          Thanks

♡

♡

긴급 중보                                    Thanks

♡

♡

오늘의 감사

# One step enough.

나                  Thanks

$\heartsuit$

$\heartsuit$

가족                Thanks

$\heartsuit$

$\heartsuit$

이웃                Thanks

$\heartsuit$

$\heartsuit$

전도 대상자            Thanks

$\heartsuit$

$\heartsuit$

오늘의 말씀

Date.          /      /      /                              일 월 화 수 목 금 토

교회                                                        Thanks

                                                            ♡

                                                            ♡

나라                                                        Thanks

                                                            ♡

                                                            ♡

선교                                                        Thanks

                                                            ♡

                                                            ♡

긴급 중보                                                   Thanks

                                                            ♡

                                                            ♡

오늘의 감사

# One step enough.

20○○ ⏾

| 나 | Thanks |
|---|---|
| | ♡ |
| | ♡ |

| 가족 | Thanks |
|---|---|
| | ♡ |
| | ♡ |

| 이웃 | Thanks |
|---|---|
| | ♡ |
| | ♡ |

| 전도 대상자 | Thanks |
|---|---|
| | ♡ |
| | ♡ |

오늘의 말씀

Date.          /      /      /                                           일 월 화 수 목 금 토


교회                                                                    Thanks

                                                                        ♡


                                                                        ♡

나라                                                                    Thanks

                                                                        ♡


                                                                        ♡

선교                                                                    Thanks

                                                                        ♡


                                                                        ♡

긴급 중보                                                               Thanks

                                                                        ♡


                                                                        ♡


오늘의 감사

거룩을 위한 도움을 구하고 결단하며 참회하는 기도는 심령을 거룩으로 이끕니다. 거룩한 기도가

거룩한 생활을 이끌기 때문입니다.                                        _강정훈,《생활 거룩》

예수님과 함께 중보기도를 드릴 수 있는 것은 오직 하나님의 은혜입니다.

_강준민,《확신 기도의 힘》

우리가 하나님을 이길 수 있는(물론 하나님은 우리에게 지실 수도 없겠지만), 하나님이 져 주시는

유일한 방법은 기도입니다.                              _박광석, 《성경이 가르쳐 준 기도》

우리의 기도가 진짜 기도인지 아닌지는 첫마디에서 결판납니다. 첫마디에서 하나님을 부를 때 이미 기도는 끝난 것입니다. 그때 그 하나님이 내 아버지이셔야 합니다.  _유진소, 《기도는 거룩한 고민입니다》

모든 일상의 언어가 기도의 언어가 되게 하시고, 기도의 언어가 일상의 언어가 되게 해 주시기를

기도하십시오.                                                                _조정민, 《왜 기도하는가》

하나님의 응답을 기다리고 있는 기도 제목이 있습니까? 기도의 응답은 하나님의 것임을 믿음

으로 고백합시다.                                        _김병삼, 《PRAY ON》

꾸준히 기도하는 것이 바로 순종입니다. 한 번 순종해서 순종하는 실력이 생기는 것이 아닙니다.

여러 번 순종하기를 힘쓸 때 어느 날 진가를 발휘하게 됩니다.　　　　_이규현, 《기도》

부르짖는 기도는 우리의 기도를 영적인 세계로 쏘아올리는 로켓과도 같아서 근심과 염려 가운데 있을 때, 그리고 주님과의 교제와 기도에 막힘이 있을 때 이 막힘을 파쇄합니다. _강은혜,《힐링기도》

마음가짐이 남다른 사람이 결과도 다릅니다. 성령이 함께 하는 사람은 기도의 깊이 부터 다릅니다.

_김형준, 《삶의 지경을 넓히는 11가지 기도 습관》

그리스도인은 기도 골방에 들어가서 문을 걸어 잠그고 무릎을 꿇어야 합니다. 기도의 골방은 세상에서
가장 좁은 방이지만 사실은 하늘 문이 열리는 가장 넓은 방입니다. _백용현, 《기도학교》

하나님, 비틀거리며 걸을지라도 기어코 하나님의 마음에 당도하는 사람들이 되고 싶습니다.

우리를 통하여 세상을 아름답게 바꾸어 주십시오.                    _김기석, 《거둠의 기도》